AF136662

III. VOYAGE EN DYLANIE

III. VOYAGE EN DYLANIE

Poésies

Christian Grammatico

« I Need You » Crédit Image couverture
Uriel Parisot – Crédit Sluck Production

© 2022 - Christian Grammatico
Édition : BoD – Books on Demand,
info@bod.fr
Impression : BoD – Books on Demand, In de
Tarpen 42, Norderstedt (Allemagne)
Impression à la demande

ISBN :978-2-3223-9654-2
Dépôt légal : Juillet 2022

A mes enfants,

Lisa, Marie, Matthieu, Maxime,

Qu'ils puissent toujours être bercés de poésie.

« *Il y a toujours des gens pour essayer de vous dire comment faire tout dans la vie. La façon la plus facile d'agir, c'est de ne demander l'avis de personne... si on croit vraiment à ce que l'on fait.*

Bob Dylan

Après avoir écrit unc centaine de textes dans deux volumes inspirés de Bob Dylan depuis 1961 jusqu'à nos jours, ce nouveau tome est particulier.

En effet, j'aborde dans un premier temps un pan méconnu de l'artiste. Il s'agit des magnifiques peintures qu'il a faites. J'en ai retenu seulement 12 et si elles sont encore méconnues du grand public elles n'en sont pas moins très intéressantes et d'une grande valeur sentimentale pour l'artiste. Je les ai complétées par un haïku et par un commentaire personnel ou une critique qui j'espère vous feront aimer ses œuvres et peut-être les découvrir.

Il commence à peindre en 1974, sous la direction du peintre Norman Raeben. Ses toiles les plus connues ont été peintes lors de périples successifs au Brésil, dont il donne une vision toute personnelle. Il peint des figures originales de la société brésilienne, remarquables par leurs aspects démodés (tenues traditionnelles, danses folkloriques…), à contre-courant de la beauté contemporaine et de la mode. Il cherche avant tout à donner une image la plus vivante possible, et surtout la plus matérielle.

Expositions de ses peintures :

2007 : En Allemagne "Drawn Blank Series"

2008 : Au Royaume Unis "Drawn Blank Series"

2009 : À New York, l'exposition séries d'Asie

2010 : À Copenhague, The Brazil Series, Statens Museum for Kunst (Copenhague)

2013 : À Milan (Exposition La nouvelle Orléans)

2014 : À New York Drawn Blank Series

2016 : À Londres « « The Beaten path » (les sentiers battus)

2022 : Au château La Coste près d 'Aix en Provence une exposition « Drawn Blank in Provence ». En plus des 24 de ses tableaux, une sculpture monumentale en fer forgé « Rail Car » est installée dans les vignes.

Woman in Red Lion Pub

> La femme est de dos
> Appuyée sur le comptoir
> Attend l'homme sur le pont

Bob Dylan est un auteur compositeur interprète mythique mais aussi un peintre et sculpteur à ses heures perdues. Il a fait une petite exposition new-yorkaise en dévoilant une quarantaine de ses œuvres. Cette exposition intitulée "Drawn Blank Series" est née d'une série de croquis faits par le chanteur américain sur la route : une femme de dos, une voie de chemin de fer, une aquarelle de la vue d'un balcon, une nature morte... Le même croquis a donné parfois vie à plusieurs colorisations différentes, comme ce portrait d'une femme de dos à la robe verte, rose, bleue ou rouge.

A man on the bridge

> L'homme sur le pont
> Pense qu'il ne faudrait pas
> Retrouver la femme

Des croquis en noir et blanc avaient fait l'objet d'un livre en 1994, au succès d'estime. Mais en 2006, Dylan est sollicité par la directrice du musée allemand Kunstsammlungen Chemnitz qui lui demande de les reprendre, de les agrandir et de les peindre, ce qu'il accepte. Il y travaillera durant huit mois. De là naissent 170 peintures, aquarelles, acryliques et gouaches, aux couleurs vives, aux lignes souvent simples, exposées pour la première fois en Allemagne fin 2007. L'exposition présente plusieurs originaux, mais aussi des impressions digitales en plusieurs formats, en édition limitée. Les titres sont sobres, sans aucune explication.

Bob Dylan ne dicte pas au visiteur ce qu'il doit retenir. Les œuvres présentées à New York ont été vendues entre 2 500 et 400 000 dollars.

Un drame vient d'arriver

> Il la porte morte
> Mais où l'amène-t-il ?
> Just like a woman

La collection, "Brazil Series" née de plusieurs visites au Brésil, montre dans des couleurs éclatantes, parfois dramatiques, des paysages de favelas, des villes et des campagnes tout comme des scènes de règlements de comptes, ou de portraits de mafieux, de chasseurs ou de femmes nues ou encore de nature morte.

Le conservateur en chef du Statens Museum for Kunst, le plus grand musée danois à Copenhague dit : "Ce n'est pas du tout une illustration de ses chansons, et l'artiste lui-même réfute tout lien avec son répertoire musical". On observe que le style Dylan est "inspiré du réalisme américain du début du 20ème siècle et qu'il a des affinités profondes avec des peintres du siècle dernier comme le Matisse des années 1920".

Self portrait

Bob Dylan dessine lui-même la pochette de son album Self portrait.

> Quel autoportrait !
> Il ne me ressemble pas
> On dirait mon père

Dylan dit au magazine Rolling Stone en 1984 : « Je connaissais quelqu'un qui avait des tubes et une toile carrée ». « Et j'ai dit, et bien, je vais appeler cet album Self Portrait ». La peinture est de style naïf, un peu à la façon de Chagall.

Bicycle

Le tableau bicycle pourrait être représenté en Haïku de la façon suivante par Bob Dylan :

> Prends ta bicyclette
> On ira au bord de l'eau
> Ma belle sirène

Bob Dylan est un homme secret aux talents multiples. Il peint comme il écrit ses chansons, de belle manière.
Ce que je raconte reste ma vérité, en me plongeant dans mon imaginaire, prolongé de la toile aux lointaines étoiles impénétrables de Dylan.

La voie ferrée

Bob Dylan a souvent parlé dans ses chansons de voyage et le train est son moyen de locomotion le plus apprécié. « J'ai vu et entendu des trains depuis ma petite enfance, c'est pourquoi leur bruit, leur présence me rassuraient toujours. Là où j'ai grandi, il était impossible d'aller quelque part sans, à un moment ou un autre de la journée, s'arrêter devant un passage à niveau et voir passer de longs trains. Les voies du chemin de fer croisaient les routes de campagne ou les longeaient. Le bruit d'un train dans le lointain, c'était le sentiment d'être chez soi, là où rien ne manque, où on a pied, où il n'y a pas de danger réel, où tout s'assemble - comme les wagons ».

Chroniques, tome 1 de Bob Dylan

> Le train est passé
> Et tu n'es pas descendue
> Je vais dérailler

The long road

Mon tableau préféré est celui où il y peint une route avec en fond des montagnes. Cette "autoroute sans fin" aux couleurs splendides, est comme une allégorie à la vie de l'artiste : sur la route, toujours entre deux villes, entre deux hôtels.

C'est la plus grande peinture que Dylan n'ait jamais faite. C'est une route sans fin, comme lui, continuellement en tournée."

> Le chemin est long
> La route est belle, je t'aime
> Et toi m'aimes-tu ?

Après le Nobel de littérature, les peintures de Bob Dylan se sont exposées à Londres fin 2016. Alors qu'il vient tout juste d'être couronné roi mondial de la littérature, l'artiste surprend à nouveau avec ses peintures, aquarelles et dessins. Une rétrospective d'une ampleur inédite en forme d'ode nostalgique aux recoins oubliés de l'Amérique. On y retrouve une Amérique périphérique, celle des autoroutes oubliées, des motels vides et des petites gares désertes. Dans ses peintures empreintes de mélancolie, nulle figure humaine ne vient troubler la solitude des vastes paysages ruraux, ni ne brouille l'harmonie des ponts suspendus et des hauts buildings. Cette épopée américaine aurait pris forme entre deux concerts de l'artiste lors du Never Ending Tour, sa « cultissime » tournée à travers les États-Unis.

Le toboggan

Encore une fois d'une simplicité apparente avec des couleurs surprenantes attire l'attention.

> Ils sont passés où
> Un toboggan sans enfant
> Tout ce rouge sang

Interrogé sur son désir tardif de montrer son travail au grand public, le chanteur répond avec beaucoup de franchise n'avoir jamais fait de la peinture « une obsession ». Et de rappeler au passage que le dessin et l'aquarelle ne constituent qu'une des nombreuses facettes de son travail.

Lorsqu'on lui demande d'expliquer ses peintures, le chanteur se montre aussi sibyllin que face aux nombreux experts ayant tenté de lui faire décoder ses chansons. « Des gens très différents les uns des autres sauront voir chacun des choses variées dans mes peintures. Tout cela est totalement subjectif » explique-t-il.

Le motel Roy's

Cette peinture représente le motel Roy's, sur la célèbre route 66 en plein désert de Mojave, à qui Dylan donne vie avec un coup de pinceau qui rappelle la bande dessinée.

> Dans cette Amérique
> Des hôtels en bord de route
> Les tournées de Bob

Bob Dylan a commencé à peindre quand il était au sommet de sa carrière de musicien, dans les années 60, mais ce n'est qu'en 1984 qu'il est revenu à la peinture et qu'il 'expose dans diverses galeries d'art.

Le pont de Manhattan

L'imposante structure métallique du pont de Manhattan jaillit entre deux bâtiments de briques rouges.

> Entre les immeubles
> Un grand pont ente les hommes
> Bob Dylan les peint

« Je pense que la clé du futur se loge dans les vestiges du passé. Qu'il faut savoir décoder le langage des époques passées pour pouvoir construire son identité au temps présent ». Un présent auquel le chanteur tourne pourtant résolument le dos dans cette ode nostalgique et folk aux recoins oubliés de l'Amérique.

Baptisée "The Beaten Path", l'exposition retrace les pérégrinations du chanteur aux quatre coins des Etats-Unis, de ses mégalopoles vertigineuses à ses immenses étendues désertiques.

"Le point commun de ces œuvres, ce sont les paysages américains et la manière dont je les ressens en sillonnant le pays" explique l'artiste dans un texte introductif à l'exposition. Et de préciser, fidèle à sa réputation : "En restant à l'écart des sentiers battus."

Opium

La femme allongée
Fume l'opium de Dylan
Sans contrefaçon

Bob Dylan est vivement critiqué. « Les bons artistes copient, les grands artistes volent » disait Pablo Picasso. Et il semblerait que la frontière ait déjà été, à plusieurs reprises, franchie par Bob Dylan.

Ce tableau d'une femme allongée à terre, posée sur un poing serait la réplique exacte de photographie du français Léon Busy. Lors de l'exposition, le porte-parole de la galerie a dû s'expliquer en disant que « Dylan s'inspirait pour ses peintures de nombreuses sources y compris des archives et des images historiques mais que leur résonance et leur fraîcheur viennent des couleurs et des textures de la vie quotidienne qu'il a observées en Asie ».

Dry dock

> Le bateau à quai
> Il attend sa destinée
> Entre mer et ciel

L'exposition « Blank Draw in Provence » consacre Bob Dylan au magnifique domaine viticole « La Coste » en Provence en juin 2022.

On y découvre 24 œuvres dont ce bateau de pêcheur bleu-vert à cale sèche comme suspendu avec en fond un beau ciel bleu. On y trouve aussi dans un parcours autour des vignes du domaine, des œuvres d'art de grands architectes et artistes mondiaux dont un wagon en fer forgé de Bob Dylan.

Après la peinture, j'ouvre un nouveau chapitre. Les « Bootleg Series – Bob Dylan ». Il s'agit des chansons qu'il n'a pas retenues pour ses albums et qu'il a pu chanter lors de concert. Il a souvent enregistré plus de titres que n'en comporte le nombre de chansons dans chaque album. Les enregistrements non retenus sont désignés sous le terme de « outtakes ».

Ses textes m'ont inspiré mais je m'en suis très simplement détournés pour en faire mes propres textes.

En juin 1969 apparaît le premier disque pirate majeur de l'épopée rock. Un album de Bob Dylan intitulé : "Great White Wonder". Y sont réunis des morceaux enregistrés au cours de l'été 1967 avec le Band que l'on retrouvera en 1975 dans " The basement Tapes " des enregistrements de décembre 1961 réalisés à Minneapolis.

Pour mettre fin à cette inflation de disques non autorisés, et pour satisfaire un large public, Sony sort en 1991 le premier coffret de la série des Bootlegs puis d'autres jusqu'au volume 16 en 2021

- "The Bootlegs Series Vol. 1-3 : Rare et Unreleased 1961-1991"est composé de 58 chansons.
- Les albums Volume 4, 5 et 6 sont des" live"
- The Bootleg Series Vol 7 : No Direction Home : The Soundtrack (2005)
- The Bootleg Series Vol 8 Tell Tales Signs - Rare and Unreleased 1989-2006 sorti en 2008
- The Bootleg Series Vol 9 : The Witmark Demos : 1962-1964 sorti en 2010
- The Bootleg Series Vol 10 : Another Self Portrait 1969-1971 sorti en 2013
- The Bootleg Series Vol 11 : Bob Dylan ant The Band, The Basement Tapes Vol 12 : The Cutting Edge 1965-1966
- The Bootleg Series Vol 13 : Trouble No More 1979-1981
- The Bootleg Serie Vol 14 : More Blood More track
- The Bootleg Serie Vol 15 : Travelin' Thru 1967-1969 (Bob Dylan featuring Jonny Clash)

- The Bootleg Serie Vol 16 : Springtime in New York 1980-1985

Il y a de vrais trésors dans ces chansons et parfois on peut se demander pourquoi il ne les a pas retenues. Bob Dylan reste toujours dans ses thèmes de prédilection mais il fait parfois encore plus preuve d'originalité dans ces chansons-ci. Il nous réserve quelques pépites hors du commun, toujours aussi subtiles, magiques dans un univers extraordinaire et originales. Souvent je m'en détache vraiment et je laisse libre cours à mon imagination en ne retenant qu'un mot, un refrain, un titre, une émotion.

Le chanteur, le vagabond et la petite fille

Je me suis promené sur tes premiers écrits
Et j'ai aperçu un pauvre homme sous la pluie
Allongé sur le sol froid de la ville aigrie
Il portait de vieux habits gris et tout salis

Depuis tout petit, seul, la rue était son lit
Quelques sous mendiés dans un petit gobelet
La marche d'un escalier pour simple oreiller
Et des jours et des nuits sans aucune éclaircie

Son visage émacié pouvait en effrayer
Mais la petite, gentille, lui demanda
S'il voulait un bout de son joli parapluie
Puis quand elle comprit elle poussa de grands cris

La chanson pas joyeuse et la foule affreuse
La fillette pleureuse sur le vagabond
Le policier remplacé par l'ambulancier
Quand le papa fut là, il ne fit pas faux bond

Il s'accroupit, à tout essayé, sans succès
Et quand Chris Jack a embarqué le mal aimé

Que les gens se sont évaporés sans payer
Le papa a pris sa fille dans son foyer

Sans faire de bruit le vagabond est parti
La petite s'est endormie rêvant à lui
Le chanteur ambulancier a écrit sa chanson
Sur un homme parti au paradis sans raison

C'est bien la foule qui gisait sur le trottoir
Le clochard riait ce soir-là de cette histoire
La petite fille ne rêve pas, peut y croire
L'ambulancier ne laisse rien choir, voit l'espoir

Et le poète sort du cercle disparu
Avec le chanteur, le vagabond et la petite fille

Les sentiers de la gloire

Les pistes de mes failles
Les routes de mes batailles
Les sentiers de mes gloires
Je les parcours avec espoir

La voie rocailleuse
Le sommet n'est pas loin
Mes amis d'Epinay Villetaneuse
Je vous ai trouvés sur le bon coin

La piste du tourne-disque
Saute en bout de route
Ce soir au réchaud une bisque
Pour un soupçon de doute

Les pistes de tes failles
Les routes de tes trouvailles
Les sentiers de tes gloires
Tu les parcours tous les soirs

L'autoroute de goudron
Pour y arriver pour de bon

Tu n'es qu'un pauvre con
De la société de consommation

Le chemin est sans fin
Il ouvre l'appétit petit
Ah petit tu as perdu le refrain
Elle est plus gentille tatie

Les pistes jusqu'à Cornouailles
Les routes de ses batailles
Les sentiers de ses gloires
Il les parcourt tout le laisse à croire

La route de l'or celle de la soie
Quand dans tes bras je suis avec toi
Tu t'en iras ou pas sans moi amiante
Sous ce ciel aux étoiles filantes

Je rame sur le fleuve
Qu'il vente ou qu'il pleuve
La souffrance fait peau neuve
Mon âme sensible en est une preuve

Les pistes de nos failles
Les routes de nos victuailles

Les sentiers de nos gloires
Nous les parcourons sans se prévaloir

Le sentier de la gloire
N'existe pas quand vient le soir
Nul espoir nulle nouvelle histoire
Je veux te voir avant de plonger dans le noir

Je marche seul sur mes traces
Que tu le veuilles ou pas
Dans les pas de je ne sais qui
D'une ombre, de Hara-kiri

Les pistes de vos épouvantails
Les routes de vos batailles
Les sentiers de vos gloires
Vous les parcourez dans votre manoir

La route est sinueuse
Tu restes insidieuse
Partie pour ne jamais revenir
Tu vas me laisser dépérir

J'ai chaud, j'ai froid

Je suis perdu
Je n'avance pas, inconnu
Que dites-vous de moi ?

Les pistes de leurs failles
Les routes pleines de cailles
Les sentiers de leurs gloires
Ils les parcourent dans un couloir

Sur le quai de la gare
Un train pour nulle part
Des gens partent d'autres arrivent
Point fixe sur la carte ou à la dérive

Peut-être que tout se tient
Qu'il n'y a pas de hasard dans le vent
Que quelqu'un m'attend simplement
Que je suis au bout de mon chemin

Les pistes de leurs failles
Les routes sous la mitraille
Les sentiers de leurs gloires
Elles les parcourent sans miroir

La ritournelle est belle
Camarade de la maternelle
Ou oiseau de passage
J'écoute ton message

Tous les sentiers, les chemins, les routes, les traces, les voies, les autoroutes mènent à la gloire

Si tu dois partir

Si tu trouves que je ne suis pas le bon
Que je me comporte comme une brute
Un truand, que trop de gens je bute
Alors pars sans agiter le blanc chiffon

Ne me demande rien ni sarabande
Ni larme ni rédemption décide-toi, pars
Avant que la nuit ne t'appelle qu'il ne soit trop tard
Et qu'il ne fasse trop noir pour trouver la porte

Alors si tu dois partir, va-t'en
Alors si tu dois partir, va-t'en
Sinon, tu dois rester la nuit

Arrête de tourner en rond comme la terre
N'attends pas que les aiguilles de l'horloge s'arrêtent
Ici et dorénavant il n'y aura plus de jour de fête
Pars ne te retourne pas on se recroisera en enfer

Mets fin à ton petit jeu qui m'embrouille
Un coup tu pars, un coup tu reviens

Crois-tu que ce soit bien que ce soit saint
N'espère pas qu'à tes pieds je m'agenouille

Dis-toi que si tu dois partir, va-t'en
Dis-toi que si tu dois partir, va-t'en
Sinon, tu dois rester la nuit

Ne pense pas que je suis fait de fer
Qu'à toutes les règles je déroge
Que je regarde toutes les scènes de ma loge
Que jamais je ne pourrais être un bon père

Remets-toi dans le bon sens, poupée
Elle n'a qu'un temps ta beauté singulière
Ton corps va te trahir, inutiles prières
Inutiles artifices, ton visage va se crisper

Figure-toi que si tu dois partir, va-t'en
Figure-toi que si tu dois partir, va-t'en
Sinon, tu dois rester la nuit

Vais-je faire des rêves ou des cauchemars
Vais-je culpabiliser, vite trouver une remplaçante

Si c'est ce dont tu as peur alors pars innocente
Pars vers des jours meilleurs et traite moi de salopard

Traite-moi d'esclavagiste
Mais ne me brouille plus mes pistes
Va vers un chemin fait de beaux lendemains
Nous n'avions pas échoué n'étions pas triste
Nous y avions cru en mangeant à notre faim

Donc pour conclure si tu dois partir, va-t'en
Donc pour conclure si tu dois partir, va-t'en
Sinon, reste encore une nuit sous ma pluie

Passe-lui le bonjour

Si tu la vois, passe-lui le bonjour,
Peut-être est-elle à l'autre bout du monde ?
Elle est partie à l'automne, quand je n'y croyais plus,
Dis-lui un beau mensonge,
Dis-lui que je vais bien depuis que je ne la vois plus.
Sans doute pense-t-elle que je l'ai remplacée.
Dis-lui la fausse vérité.

C'est la seule que j'ai aimée,
Oui la seule qu'elle le veuille ou pas.
Mais un amour aussi grand,
Ne pouvait naviguer sous tous nos tourments.
Des mauvais moments nous en avons eus,
Comme tous les grands amants.
Mais depuis la nuit où elle m'a quitté,
J'ai vécu comme mon propre assassinat.

Cette façon qu'elle eut,
De refermer la porte derrière elle,
Me revient jour et nuit sans que je puisse y
échapper.

À se demander comment a-t-elle fait ?
Pour me changer, juste en se faisant la belle.
Et comment toute la suite,
De cette fuite a pu déraper,
Et mon ombre me happer.
Si tu la croises, respecte-la,
Comme je n'ai pas dû le faire.
Embrasse-la pour moi,
Comme je n'ai point pu l'honorer,
Quand elle m'a quitté.
Je sais que toi,
Tu aurais su voir, en face la réalité.
Sur mon profil, livide
Il n'y a plus rien de vraiment cher

A-t-elle fait le bon choix,
À vouloir reprendre sa liberté ?
Les abeilles tournent toujours autour du miel,
Mais la reine s'est échappée,
Et le roi ne fait plus de merveilles.
Il a soudainement vieilli
Et il a perdu tout son courage et sa fierté.

Si tu es à ses côtés,

Et si elle est à présent heureuse,

Prête à fonder une famille.

Je comprendrai qu'à la pluie,

Qui coule sur ses joues,

Elle préfère le soleil,

Qui dans ses yeux brillent.

Et si pour moi,

Le soleil se couche,

Depuis que jamais plus je ne la touche,

Je garderai toujours le goût merveilleux,

De sa bouche sur ma bouche.

Et si par hasard elle revient par-là,

Dis-lui que la porte restera toujours ouverte.

Ni elle ni moi ne méritions tout ça.

Je ferai toujours en sorte que de ma plus grande perte,

Elle reste ma plus belle découverte.

Ton habit déteint

Je vois que tu as revêtu ton habit de lumière en
étain
Il te va si bien
En émoi, je vois que ton nouvel habit de lumière
est comme un interrupteur
Un va et vient
Sois une autre pour un soir, chérie
Comme tu te la pètes sous ton habit d'illuminé
pour faire la fête,
Ne pas devenir rien

Je crois que tu es franchement trop mignonne
Quand tu le portes tu me transportes et j'en
frissonne
Chérie tu brilles tant
Comment fais-tu pour éclairer de la sorte ?
Combien m'a-t-il coûté ce prototype luxueux ?
Il met en évidence tes courbes qui va en rendre plus
d'un furieux
Toi dedans tu vas faire des envieux
Et autour de toi vont grouiller de vieux riches
mafieux

As-tu le choix, si tu veux être belle le prochain lever du soleil ?

Il faut que tu uses d'artifice et de malice pour rester une merveille

Chérie fuyons ce lieu d'orgie et de prédateurs

Je pressens l'écueil

Tiens, garde ce bel apparat je t'emmène sur la côte vermeille

Ce sera sous un ciel noir avec juste l'étoile du berger notre lune de miel

Tu es une princesse sous cet appât qui m'a attrapé,

Cet habit d'or qui dévoile tes charmes,

Il faut que je veille

Ce n'est ni une peau d'âne,

Ni une toque en peau de phoque ou de léopard

Finissons la bouteille car il est très tard

Et je vois que coule tout ton fard

Peut-être que cela sera notre plus belle soirée

Sous ton plus bel habit de lumière tu étais

Peut-être que tu partiras sous un beau ciel d'été

Ou que j'irai trouver une plus fraîche aimée

Peut-être ou peut-être pas

Encore et encore ma jolie fée

Tu remettras ton habit de lumière

Qui jamais ne s'éteindra, non jamais

La ballade d'un homme mince

Vous rentrez dans la pièce
Il vous fait asseoir
Vous êtes nu comme un ver
Il faut vivre pour le croire
C'est un rappel à l'ordre
Vous, dit-il sans surseoir
Lisez, vous allez comprendre
En avant vers l'abattoir

Il va se passer quelque chose
Mais vous ne savez pas quoi
N'ayez pas peur, Monsieur Lemince

Vous êtes bien arrivé,
Vous levez la tête
Vous vous débattez sans sucer
On va vous découper c'est un jour de fête
Enfin faites un dernier petit effort, succès assuré
D'en arriver là c'est trop bête
Et vous vous dites, oh mon Dieu je ne suis pas le seul
Le prochain attend trop honnête

Et puis on vous dit : « Dans le poisson on ne mange pas les arêtes »

Il va se passer quelque chose
Mais vous ne savez pas quoi
N'ayez pas peur, Monsieur Lemince

Vous n'êtes pas un mouton
Vous êtes une brebis galeuse
Le loup est dans la bergerie, t'es marron
Vous n'êtes qu'une petite pleureuse
Vous faites du bruit mais il ne sort aucun son
Que va dire ce soir votre amoureuse
C'était le meilleur avec une chaussure noire le grand blond
Et le dentiste de surenchérir : « On l'a arraché c'était une dent creuse »

Il va se passer quelque chose
Mais vous ne savez pas quoi
N'ayez pas peur, Monsieur Lemince

Il a fallu déboiser pour mettre du blé
Pour vous faire manger dans nos mains

Nous, nous n'avons rien à y gagner
Comprenez-le c'est pour votre bien
Croyez-moi vous allez y aller
Des va-et-vient entre des riens
Il n'y a pas plus d'êtres humains
Qu'il n'y a de Saint homme, d'hommes sains

Il va se passer quelque chose
Mais vous ne savez pas quoi
N'ayez pas peur, Monsieur Lemince

Vous avez lu Victor Hugo
Alors vous serez mort à l'échafaud
Vous avez vu docteur Jivago
Ils y arriveront à vous faire la peau
Petit poète pris au piège d'un monde de brute
Vous êtes en chute libre sans doré parachute
Voyez avec nos avocats ou ne voyez pas
Faites la pute ou jouez de la flûte
Il est bon le dernier repas
Souhaitez-vous une dernière cigarette ?

Il va se passer quelque chose
Mais vous ne savez pas quoi
N'ayez pas peur, Monsieur Lemince

Il a voulu me faire avaler des couleuvres, et si !

Au singe je ne vais pas lui apprendre à faire des grimaces

Il siège déjà au parlement britannique de Banksy

Nettoyer son linge sale, ramasser les feuilles mortes

Que voulez-vous que ça me fasse

Prenez la porte ou passez par la fenêtre du dernier étage

Vous n'êtes qu'un inutile cloporte

On enseigne aux enfants le pouvoir de la place

Rentrez dans la chambre forte

Tuez votre père, votre mère est déjà morte

Il va se passer quelque-chose

Mais vous ne savez pas quoi

N'ayez pas peur, Monsieur Lemince

Vous avez tout compris c'est trop tard,

Cela a duré 20 minutes montre en main

Vous ne sortirez pas de la pièce c'est certain

Un stylo à la main, on vous fera signer,

C'était du grand art, Guernica en plus grand, en plus noir

Il fallait laisser choir, mais c'est ce que j'ai fait
Comme quoi déchoir quelqu'un c'est facile
D'ineffables vents m'ont ailé
Sur cette terre impossible

La ballade d'un homme mince

Je vais être libéré

Ils disent que je ne suis pas emprisonné
Pourtant je n'ai jamais choisi d'être où je suis
J'ai entendu douze fois les cloches sonner
J'ai du mal à m'élever au fond de ce puits
Je tourne en rond je suis complètement paumé

Ils disent que je pourrais être libéré
Une libération conditionnée à quoi
À quelques beaux mensonges pour l'éternité
Je n'ai pas eu le choix c'est mon chemin de croix
Dans l'immensité où je suis en train d'errer

Prenez ou jetez ce que vous voulez, je sais
Les visages qui m'ont aidé qui m'ont aimé
Ceux qui m'ont crucifié ceux qui m'ont abîmé
Dans ceux-ci, il y a, à prendre et à laisser

Nous avons tous un besoin d'être protégé
Même si l'on sait que l'on va tomber un jour
Il n'y a pas d'exception tous on sera piégé
Qu'on ne vote pas ou qu'on vote contre ou pour

La terre va continuer encore à tourner
La lune à danser, les étoiles à scintiller
Le soleil à briller, et Dieu à exister
Alors toi et moi allons être libérés

L'eau est profonde

L'eau est profonde, on ne peut y nager
Et on n'a pas non plus d'ailes pour voler
Construis-nous un bateau pour nous transporter
Et nous devrons ramer, mon amour et moi

Il y a un bateau naviguant sur la mer
Qui navigue autant que l'on puisse naviguer
Mais pas autant que mon bel amour
Je ne sais quand je coulerai ou nagerai

Je me suis appuyé contre un arbre
Pensant qu'il était le plus fort de tous les arbres
Mais il commença à se courber et ensuite il céda
Et c'est ainsi que l'amour m'a trahi

Comme l'amour est beau, comme l'amour est bon
Gai comme un pinson lorsqu'il est nouveau
Mais quand l'amour vieillit, il devient deux fois plus froid
Et puis s'évanouit comme la rosée du matin

L'eau est profonde, on ne peut y nager
Et on n'a pas non plus d'ailes pour voler
Construis-nous un bateau pour nous transporter
Et nous devrons ramer, mon amour et moi

Ce n'est pas moi qu'il te faut chérie

Sors de ma vie, de ma vision
Tu t'es toujours trompée sur moi
Pars loin d'ici, d'mon horizon
Je ne serai point ton bon roi
Ton bon dieu, ton homme de bon aloi
Mes rimes perdent la raison
Et ma vie n'est pas mieux, tu vois
Comment te donner la leçon
Te faire partir de la maison
Avec quelques vers solitaires
Quand palabrer, à quoi ça sert
En s'aimant de chair et de mots
C'est insuffisant et tu perds
À la fin on ne boit plus mes paroles,
On ne mange plus la passion la plus folle

Éloigne-toi de mon champ
Ne reste plus aussi près
Tu m'as trop aveuglé en ton temps
Mais comment as-tu fais ?
Dangereuse fée jamais je ne pourrai
Te satisfaire et t'aimer comme tu le voudrais

Je ne suis qu'un homme mortel

Qui va de motel en motel

Et chante le désespoir et tout ce bordel

Qui joue dans le noir avec d'autres, pas plus belles

Va trouver celui qu'il te faut

Qui sera vrai,

Qui t'attendra bien au chaud

Qui ne t'écrira pas à la craie

Et qui te tatouera la peau

Va, tu as trop perdu de temps

Il en existe des bons, des pas méchants

Pour t'aimer plus loin que le bout de leur nez

Qui se mettront à genoux pour t'embrasser

Qui seront prêts à mourir pour leur bien-aimé

Qui seront de bons amants

Qui te donnera de beaux enfants

Je ne suis pas celui que tu recherches, que tu voulais

Tu t'es accrochée, tu as cru me faire changer

J'ai fait beaucoup, mais qu'est-ce que j'y peux

Si cela n'est jamais assez, mon cœur

Nous avons échoué il faut que tu le comprennes

On ne vit pas avec les chaînes des autres

On meurt avec les nôtres

Tu t'es trompée sur moi

Tu n'es pas tombée sur celui qui aurait été bien pour toi

Malgré tous les pouvoirs d'illuminer le soir, qui te sont alloués,

D'enchanter les jours les plus gris

Je m'excuse de t'avoir volée

Ne serait-ce que l'espoir de pouvoir t'envoler

Vers de beaux lendemains fleuris

Va retrouver les bras d'un bel ami

Qui pourra te donner

Tout ce que je n'ai pu te donner

Chérie, tu le mérites tant

Je pense à toi

Peut-être est-ce la chanson de Dylan sur Sara
Qui magnifia ta beauté dans mes pensées
Ou peut-être que la belle sera ou ne sera pas
Dans mon cœur percé, mes yeux usés
Je pense à toi

Le soleil s'est couché, le ciel en a rougi
La place est vide à mes côtés, moi j'ai froid
À mon chevet j'ai gardé allumée une bougie
Je repense à toutes ces proies et à toi
Et toi penses-tu à moi ?

Tu dors sans doute déjà et moi je pense
Au temps où tu t'endormais sur mon épaule
Tu avais le cœur immense, j'avais de la chance
J'aurais pu être ton idole et toi ma boussole
Repenses-tu à nous ?

Le destin frivole a fait son chemin,
Est-ce bien ? Est ce mal ?
L'animal qui chasse, est chassé à son tour,
Grand bien n'y fasse, faste, pas toujours
Je pense à lui

Ai-je fait tout ce qu'il fallait pour te mériter ?
Ai-je été à la hauteur de tes espérances ?
Je me suis emmêlé les crayons, allez danse !
Pardon, j'ai décidé de te déshériter,
Mais je pense encore à toi

Et si cela ne l'a pas fait, tant pis
Je déroulerai toujours le tapis
Pour tes longues jambes à l'infini
Pour t'apercevoir en catimini
Quand je pense à toi

Quand le prochain matin tu te lèveras
Ni te parler, ni t'entendre, ni te voir
Ni te toucher, sentir ton corps je n'pourrai
Mais je penserai toujours à toi

Et sauras-tu un jour combien chaque jour
Depuis que l'on s'est séparé je pense à toi ?
Parce que tu es mon seul amour
Pour toujours, à toi je pense

Qui a tué Monsieur L ?

Qui a tué Monsieur L ?
Qui est responsable et pourquoi est-il mort ?

Ce n'est pas moi, dit le patron au grand nom
Au fond il n'était pas normal il travaillait mal
Il n'était pas assez efficace, il ne faut pas se voiler la
face
On l'a sanctionné de nombreuses fois
Un peu pour tout et surtout pour n'importe quoi
Il ne comprenait rien, enfin nous sommes une
banque
C'était une branque, il avait beaucoup de manque
Il avait de la haine dans son haleine
Venez, je vais vous expliquer avec un tank
Nous l'avons écrasé mais vous ne pouvez pas
m'accuser.
Ce n'est pas moi qui l'ai fait tomber
Du haut de la tour

Qui a tué Monsieur L ?
Qui est responsable et pourquoi est-il mort ?

Ce n'est pas nous, disent les autres salariés peureux

On l'a prié de se taire, de redescendre sur terre

Il n'a pas écouté : nous sommes des roseaux : il faut se plier

Il faut prier que cela tombe sur un autre que soi

Ils vont te faire la peau ne soit pas sot

Fais ce que l'on te dit, petit robot

Tu as une famille, un enfant petit, un crédit, un petit standing,

Tu peux tout perdre, tais-toi

Vois où cela t'a mené, ils ont réduit ton salaire,

Ils t'ont blessé dans ta chair,

Fait pleurer tes beaux yeux bleus devant ton fils de trois ans qui voyait en toi un roi

Ils t'ont même passé leur chaîne

Tu n'es pas le dernier ni le premier

Ils en ramassent à la pelle comme des feuilles en automne

Sauf qu'ils le font durant les 4 saisons sur la musique de Vivaldi

Qui a tué Monsieur L ?

Qui est responsable et pourquoi est-il mort ?

Ce n'est pas moi, dit Dieu sur son nuage

Cela fait longtemps que personne ne croit en moi

Et moi faut dire que je ne crois plus trop à ces hommes

Qui ont fondé un système individualiste sans âme ni amour du prochain

J'aurais bien une piste, un nom sur ma liste

Mais à quoi ça sert maintenant,

Il est ici au paradis et chaque jour et pour l'éternité

Il me remercie, il a trouvé un emploi, sa première petite amie partie avant lui,

Et il a surtout trouvé la foi, là

Il fait pousser de belles graines,

C'est un bel humain que j'aime bien

Qui a tué Monsieur L ?

Qui est responsable et pourquoi est-il mort ?

Ce n'est pas moi, dit l'écrivain pas très serein

J'ai commencé une histoire sur un homme mince

Qui n'a pas pu passer entre les gouttes

Il aurait dû aller sur les routes

Lever tous ces doutes,

Aller à la rencontre de vrais loups, de véritables hyènes,

De belles vaches, des moutons avec de la douce laine, de l'arche de Noé

Tout ce que je couche sur le papier n'est pas vrai,

C'est lu ou pas mais cela s'efface à la craie

Je tire un trait et puis vous voyez ou pas

C'est aussi l'engrenage de mes écrits, la providence

Et puis les lecteurs n'aiment pas les textes trop intellectualisés, rimbaldiens

Je devrais avoir le Nobel de la paix pas celui de la littérature

Qui a tué Monsieur L ?

Qui est responsable et pourquoi est-il mort ?

Ce n'est pas moi, dit son psy dépressif

Je n'ai pas pu le sauver, ni moi ni les médicaments que je lui faisais avaler

Le divan n'était pas assez confortable et il avait du mal à passer à table

Il remettait toujours le couvert sur les mêmes problèmes

Il n'aimait plus personne et personne ne l'aimait

Il me ressemblait d'ailleurs et j'en suis arrivé à le détester
Est-ce qu'il valait la peine
Il faut bien mourir, cela me fait penser que moi aussi j'ai un rendez-vous, avec lui
D'ailleurs, il m'attend pour être mon psy
C'est mon petit doigt qui me l'a dit

Qui a tué Monsieur L ?
Qui est responsable et pourquoi est-il mort ?

Ce n'est pas moi, dit sa petite amie
Qui avait fait ses valises il y a à peine un mois
« Je n'en pouvais plus il n'était plus le même
Il était le mauvais temps,
Il était devenu un autre, foudroyé par l'orage
On ne faisait plus l'amour comme au premier jour
J'ai rencontré un autre homme à mon travail
Lui s'est occupé de moi il est plus fort et plus jeune
Il m'aime comme une reine
Et puis le gamin l'apprécie, c'est mieux ainsi
Au moins il aura un vrai père sans pleurs, sans peurs
Je le regrette mais je n'ai pas de remords, c'est la vie

Il n'y a pas de coupable, que des témoins,
Pas de pourquoi, c'est comme ça ».
Et sur une fin alternative, lui-même si on lui avait
dit

Qui a tué Monsieur L ?
Qui est responsable et pourquoi est-il mort ?

Il aurait répondu : « Ce n'est personne, j'ai attendu
que la cloche sonne et que l'on me donne des ailes
pour une nouvelle vie ».

A men

J'ai des solutions

Bob dans une de ses premières chansons
Disait « When I got troubles in my mind »
Depuis il a trouvé les solutions
Savait les laisser derrière, behind

Les soucis les problèmes pour certains
La cour est pleine alors balancez-les
Sans trop de peine, peuple de fontaines
Puis dansez, chantez, dans les champs de blé

Avec ceux que vous aimez, baladez
Vous méritez le bonheur sachez-le
Peut-être tout derrière et vous devant
Écoutez le vent, écoutez le vent

Les ennuis reviennent comme les vagues
Et les vagues s'éteignent sur le sable
Les hommes vacillent tous et divaguent
Trouvent des solutions, inépuisables

Non je n'ai plus de problème merci

Bob Dylan est toujours une éclaircie
Ses chansons me bercent baby chérie
Non je n'ai plus de problème merci

La dignité

Le mince la cherche dans son saut de l'ange
Le large la laisse dans son dernier message
La vaniteuse la découvre dans son reflet à la Fressange
La dignité

Le sage la cherche dans un brin d'herbe
L'enfant la scrute sur son visage imberbe
Le cavalier l'admire dans une robe superbe
La dignité

Le pauvre mort sur un trottoir ne l'espère plus
Lui l'exclu aurait bien voulu, être un autre élu
On a assassiné le superflu, personne ne l'a vu
C'était prévu avant l'heure, avant leur entrevue

La dignité s'est enfuie au même titre que ma moitié
Sans amabilité avec un paquet rempli de cupidité
Elle s'est échappée, oh pitié, bande de mal élevés
Bande de mal élevés, baignés dans votre sale absurdité

Crois-tu qu'ils sachent la dessiner, l'imaginer
Ne sont-ils pas morts les bras en croix, mort-nés
Ils ont beau la malmener la piétiner
Ne reviendra-t-elle pas la dignité

Elle n'est pas partie loin elle, marque encore des points
Entre deux bottes de foin et une fourche pour témoin
Quand il l'a rejointe, il en bouche un coin avec le plus grand soin
Le coquin avec sa dignité

Ce n'est ni la stature, ni la force
Qui fait le pouvoir et la dignité de l'homme,
C'est la sagesse disait Sophocle
C'est vrai je l'écris en morse
Veux-tu la voir, l'égalité avec la femme
Non merci je pars à la messe avec mes binocles

Où est passé la dignité ?
Chez les dignitaires
Ils sont signataires
Les sénateurs, les députés
Respect, ils nous ont enfumés

Les indignés dépités sont allés au pré
Fumer de l'herbe bio de gré ou de force, allez
La dignité est alitée

Elle est laissée de côté en oubliant son sort
En oubliant nos morts, et ces corps de tous bords
Elle a sali son âme, son cœur et son corps
La dignité

Je suis parti sur de nombreux chemins
J'en ai croisé des vauriens c'est certain
De la cime ils tombent dans l'abîme sans beaux
lendemains
Sans dignité, avec sur leur dos, un éternel chagrin

La fille de mes 12 ans

Nous sommes tous les mêmes, à n'avoir qu'un roi, n'avoir qu'une reine
Dans cette vie éphémère nous faisons tout comme
Et l'on s'enchaîne tous à ses souvenirs sans les ternir juste pour les faire frémir
Moi, c'est à la fille de mes douze ans

Il suffit d'éteindre la lumière pour la faire revivre
Sous la lune, dans les étoiles naissantes
Je la revois jaillissante, toujours plaisante
La jolie fille de mes douze ans

J'étais assis à ses côtés sans pouvoir lui parler
Elle avait de longs cheveux blonds, des yeux d'un bleu profond
Elle avait mon âge et sur le même banc
J'étais sur un nuage sans pouvoir tourner la page

Comment pouvait-elle être aussi belle
La cavalière en selle tutoyait mon éternel
Si j'avais pu je l'aurais emmenée sur mes deux ailes pour lui plaire

Au lieu qu'elles m'appartiennent dans mon imaginaire

La fille de mes 12 ans est intouchable
Elle n'a pas grandi ni gravi les montagnes de sable
Elle est incroyable elle est intouchable
Elle est ineffaçable tel un diable qui m'accable

Elle se tient au bord de mon âme rouge
Et dans ma p'tite tête encore elle bouge
J'attends toujours qu'à ma porte elle sonne
Tu n'es jamais partie loin ma mignonne

Allons voir si la rose de votre jeunesse fleuronne
Dès que j'ai posé en son temps mes yeux sur vous déesse
J'ai perdu ma liberté dans cet amour qui m'illusionne
Mais que je savoure sans cesse en simple troubadour en liesse

La magnifique fille de mes douze ans
Je n'ai jamais essayé de la retrouver
Par peur de ne plus l'aimer

Une fleur meurt dans chaque cœur

Mais un premier amour dure toujours

Je dédie ce poème à cette fille que j'aime

Et qui m'aimera éternellement quoi qu'il advienne

La fille de mes 12 ans

Très longtemps et très loin de là

Il voulait la paix et la fraternité
Grand mal lui a-t-on fait
Il fut cloué à une croix pour l'éternité
Les mains sales, point il n'avait
N'en déplaise à ces malotrus
Cela n'arrive plus jamais
On cloue des becs blâmés
Mais plus d'individus

On séquestre leurs pensées
On en appelle aux armées
Il faut s'allier pour les décimer
Décidez-vous pour être du bon côté
C'était il y a longtemps très longtemps
Heureusement cela n'a plus cours
Nous ne vivons que d'amour
Avec des gens tous innocents

L'argent coule à flots pour les gros
Les petits ne se lèvent pas assez tôt
Ils font des dons pour leur conscience

Ils ne pèsent pas très lourd sur la balance
Mais c'est loin de chez nous
Le quart monde ça n'existe plus
Des cars de touristes n'ont plus rien vu
N'avouez rien du tout
On nous prendrait pour des fous

Il en meurt à la pelle
Il essaie de se faire la belle
Mais de quoi je me mêle
Il n'y a pas d'injustice dans ce monde
La terre a toujours été ronde
Il n'y a rien qui ne soit immonde
Toutes les filles sont blondes
Et moi je suis éternel

Dans les livres d'histoire seulement sont dépeintes
Les guerres saintes,
Gloire et beauté ne feraient plus recette
L'amour d'un soir enivre encore mes jours de fête
C'était une autre époque
Si toi tu t'en moques
Normal cela n'arrive plus maintenant
Du côté de cette rive et de l'autre certainement

Des esclaves malmenés, importés il n'y en a plus
Dans les champs de coton, les mines de charbon
Dans les chaînes de production, l'automatisation
Les petits soldats cassés sont collés à la glu
Les temps modernes ont tout changé
Le présent est un cadeau
Le futur un beau monde à venir

Il voulait la paix et la fraternité
Grand bien d'un homme sain
Il trône sur sa croix pour l'éternité
En bas ils s'en lavent les mains
N'en déplaise aux parfaits inconnus
Cela arrive la preuve en est
Des hommes en parlent, l'ont vu
Et puis qu'est-ce que ça fait, petit père
Si c'était il y a très longtemps et si c'est très loin de
là,
Chut il faut se taire

Je n'ai pas le titre

Je ne veux pas être à ta place
Face aux portes du paradis
Suis incroyant les saints me glacent
Mon cœur se déplace, sourit
Je veux prendre mon temps pardi
Sûr qu'il me reste de beaux jours
Il n'est pas prêt mon discours
L'ultime suffisamment glamour

La nuit tu es tout en sueur
Tu fais toujours le même rêve
Tu ne peux pas te réveiller
Personne ne te vient en aide
Tu as la chair de poule
Enfermée dans une boule
Une boule de cristal
Qui roule vers un abîme abyssal

Le jour tu marches toute nue
Seule au milieu de la foule
Tu es reconnue militari menu

Des hommes en cagoule déboulent
D'un sac de jute sur la tête
Ils t'habillent pour partir à ta fête
Dans leur voiture en verre de luxe ils te jettent
Opération secrète du prophète poète

Tu pleures, tu n'as pas tes pilules sur toi
Un méchant gentil découvre ton visage blanc
Quand tu vois sur le toit d'en face Spiderman
Alors en ta bonne étoile tu y crois
Dur comme fer si je mens tu vas en enfer
Sûr que je ne voudrais pas être à ta place
Car l'homme araignée s'est éloigné
Pour une bonne cause et pas pour la cosette

Tu crieras, tu hurleras
Mais est-ce que le monde t'entendra
Le monde d'en bas n'est plus là
N'oublie pas tu es dans un rêve
Mais pas un rêve à la Barba-papa
Il fallait écouter mais ben voilà
Tu es dans le caca
Je sais ça ne se dit pas
Et encore moins ça ne s'écrit
Mais je fais ce que je veux avec mes cheveux, chérie

Allez réveille-toi,
Je veux bien prendre ta place
Ce n'est pas si terrible
Veux-tu que je le fasse
Je t'aime, tu t'aimes, c'est possible

Adieu

Tu étais encore endormie, dans ce qui fut notre lit
Quand je suis parti au plus profond de la nuit
Sans bruit, sans au revoir ni vœu pieu
De se promettre du bleu à la place du gris
Des cris de joie d'un proche retour
À la place d'une folie sans détour

Je suis en chemin vers une nouvelle vie
Sans savoir ce que m'apporteront
Ces prochains lendemains sans mon seul amour
Que je chercherai dans chaque cour que je traverserai
Que j'imaginerai dans chaque vautour qui te fera la cour

Le ciel sera noir, ton espoir s'amenuisera
Et peut-être que le mien s'épuisera dans la froideur du soir
Dans tes pleurs que je ne pourrai plus voir
Je te fais mes adieux mon seul amour

Pardonne-moi de t'avoir abandonnée,
De ne plus être celui qu'il te fallait
D'être celui qui ne pouvait plus te faire rêver
Qui te prenait sans plus rien te donner, te faire
espérer
Qui aurait fini par te rendre malheureuse
Et qui t'aurait rendu haineuse et non plus
amoureuse

Peut-être qu'en route j'aurai des doutes
Qu'au mois d'août je referai mes valises
J'irai à la guerre, j'irai à Beyrouth
Personne sur mon cœur n'aura la main mise
Je ne serai même plus dans tes prières
Le seul chagrin ne sera que celui de ma mère

La pluie est bien tombée, la grêle enchaîne
Et dans ta peine tu es toujours aussi belle
Je t'écrirai des lettres qui n'arriveront jamais
Faute de ne jamais les envoyer et si je me mentais

Je te partagerai mes voyages chaotiques,
Mes troubles d'une vie peu sympathique, mes
errances sulfuriques

Mes rencontres éphémères, mes aventures à me perdre,
Mes échecs dont je ne suis pas fier
Ces ressemblances que d'autres ont avec toi
Sans pouvoir rivaliser avec celle qui sera mon seul amour

Je garderai nos bons et beaux souvenirs,
Tes fous rires pour un rien, tes petites manies que j'aimais bien,
Tes chagrins futiles que je trouvais subtils,
Tes grains de beauté et ton trop plein de charité
Ainsi que la clarté de tes yeux clairs et ton âme sincère.
Je garderai tout, ne jetterai rien
Je te fais mes adieux ma chérie
Toi qui fus mon unique amour

Ballade pour un ami

Assis triste contre la grande croix de fer
Je regarde les nuages se dessiner
Je me hasarde sur cette beauté s'effacer
C'était notre jeu préféré de presque frère

Le vent emporte tout nous fait devenir fou
À rester avec ce chagrin de baladin
Le vent emporte tout nous fait devenir rien
Nous étions des vagabonds du rail, voilà tout

Je vois ton train, il ne reviendra pas
Nous avons traîné tant de fois sur les chemins
Nous avons traversé tant de villes, tant de bars
Sans tenir notre destin en main, en vauriens

La fumée du train à vapeur s'efface aussi
J'ai reçu ce courrier de ta sœur qui me dit
Que tu es parti le soir du 4 juillet
Lors d'une virée qui a mal tourné

Tu étais mon meilleur ami quand le ciel était gris
Quand la pluie tombait tu me mettais à l'abri

Avec toi l'arc-en-ciel m'illuminait de mille couleurs
À tes côtés je n'avais point peur des nombreux malheurs

Tu étais le meilleur une fine fleur
Que je portais tout en haut dans mon cœur
Mon beau cœur de looser, de mauvais blagueur
Mais de bon bagarreur
Comme tu le chantais si bien les nuits pendant des heures

Assis contre la croix, j'entends ta voix
Bientôt je te rejoindrai aux cieux cela va de soi
On dînera tous les deux en enfer de l'aigle aux petits pois
Pour ce qui fut, feu, notre dernier et plus beau choix

Lors d'une balade entre amis

Hmm

Tous ces hommes fatigués sous la lune
Comment suis-je censé les regarder ? Hmm.

À plus tard

À plus tard mes fans
Je suis le groupe du sous-sol
Du sous-sol

Je cherche Bob Dylan
Ne l'auriez-vous pas vu
Je l'ai perdu

Avec un alligator
Et sur l'épaule un transistor
Il m'est apparu

Chantant avec Joan
Joan Baez et toute la bande
Militant contre ceux qui se couvrent d'or
En tuant encore et encore les alligators

Dylan a 80 ans mais dedans
Il tient des milliards de gens
Sans dents et le sang chaud

Il naît une deuxième fois
Avec sa pipe et son chapeau
Sous le drapeau des étoiles
Une faux, un marteau
Du rouge, du jaune
Et la même peau
Que de nombreux salauds
Qui porteront leur croix là-haut
Et brûleront de tout feu leurs beaux idéaux

A plus tard mes nombreux fans

Un jour de pluie

Je reviendrai un jour de pluie
Quand loin des miens j'aurai vieilli
Je reviendrai pour vous dire
Que quand il m'a fallu partir
C'était pour mener ma propre vie

Au début je leur ai écrit
Quelques lettres et des inepties
Je leur ai envoyé quelques billets
D'une paye d'un mal habillé

À travers le pays j'ai voyagé
Pour travailler dur dans les mines
J'ai dû souvent courber l'échine
Me faire dégager sans jamais être enragé

J'étais jeune, plein de frissons
Quand j'ai quitté la maison
Je voulais toujours plus d'action
Ouvrir les portes de prison

J'ai laissé derrière moi de grandes déceptions
Une famille qui comptait sur leur unique garçon
Une jolie fiancée en pleurs qui ne connaissait pas la
chanson
Une paisible vie dans un trou en donneuse de leçon

Puis des nouvelles je ne n'en ai plus données
Sans me faire pardonner, je me suis posé,
Car j'avais trouvé une bien-aimée
Qui m'a accepté tel que j'étais
Et tel que j'acceptais être dorénavant
Sans suivre le vent
Elle, portant des gants blancs
Moi ayant perdu la malchance du débutant

Un jour de pluie je reviendrai
Tenant d'une main une épouse épanouie
Et de l'autre un petit bambin inouï

Un monde s'éteint

Le ciel noir s'effondre, tous à vos prières
Sur le fleuve sombre hors de lui, les barrages se déchirent.
Les mers et les océans envahissent les villes côtières,
Nous sommes ridicules
Et puis, l'eau emporte les hommes minuscules
Plus rien ne recule
De ces mandibules le déluge fait craindre le pire
Un monde s'éteint

Ne pleure pas maman
Je tiens ta main de ma main d'enfant
Rien ne peut t'arriver de mal au ciel nouveau revenant

Ton ami va te manquer, ne sois pas tant peinée
Il s'est fait emporter croyant pouvoir s'échapper
En embarquant sur une mer trop déchaînée
Tant d'autres se sont fait happer pensant avoir du temps à grappiller
Ne pleure pas maman

Ton patron ne méritait pas de s'en réchapper
Serveuse dans son bar ses mains dérapaient
Il buvait de trop fumait de trop et te mater de trop
Il a bu de trop l'eau du fleuve révolté
Il doit fumer en enfer, ne sois pas désolée
Il doit mater les démons immolés
Un monde s'éteint

Tu trouveras un autre ami
Tu es tellement jolie,
Tu mérites tant d'être chérie
Il en restera bien un de bien
Avec un bon cœur
Qui pourra devenir ton meilleur ami
Qui pourra te donner du bonheur
Allez viens ma grande maman
Un monde nouveau nous attend
Il sera bien

Je te vois venir

Le gitan
Et l'homme revenant sont deux faussaires
Des hommes pareils
Et le reste du temps,
Ils font gardiens de nuit
Il y a aussi un policier qui avait une petite sœur
Rosie
Pour d'étranges raisons, elle et l'homme revenant à
l'aube,
Ne jouaient pas qu'au docteur
Elle lui a dit où que tu ailles, je te suivrai
Je t'aimais, je t'aime, je t'aimerai
Mais le policier jure dur comme fer,
Ne pas aimer les deux compères

Le gitan
À pris sa place dans le trafic
Après avoir pris des chemins de traverse
Les deux amis embarquèrent
La petite sirène
À l'arrière de la caisse, la fille soufflée comme une
sarbacane,

Dort en madone oubliée
Elle rêve d'un peuple de fontaines
Qui écoute pousser les fleurs

Eux les deux lurons en chauffards
Sont poursuivis par le frère de la fille qui les accompagne
La tête saoule
Le duo va faire de beaux dégâts
Les murs de poussière vont tomber
Difficile à croire mais s'ils le peuvent
Ils iront jusqu'au pôle chez Quinn l'esquimau
S'abriteront de l'orage à l'aube revenant
Sinon ils feront tourner les hélicos
Prendront le taureau par les cornes
Feront les vidanges du diable
En supprimant le presque rien
D'en haut de sa tour de guet

C'est écrit
Le "pauvre pantin de naphtaline"
Il doit mourir ce samedi soir sur la terre
Mais le destin n'en fait qu'à sa tête en ce mois d'octobre

Quand il arrive il dit Rosie que faites-vous là,
répondez-moi
Je ne suis plus Rosie, je suis la belle Debbie
Et l'homme revenant dit : elle m'appartient
Pars, elle t'enverra des cartes postales

Et sur un simple coup du sort
Le policier dégaina son arme, tira mais rata l'animal
Dépossédé de son arme, on l'attacha à un arbre
avant qu'il ne tombe
Et le gitan et l'homme revenant partirent loin
devant
Avec mademoiselle l'aventure

À t'attendre

À attendre qu'elle soit toujours parfaite
À me vendre, rien que pour elle à perte
En haut de l'échelle, baisser la tête
Jamais ne descendre, et prétendre à la fête
J'ai peut-être tout à perdre, gentille alouette

Elle l'emporte sur tout le parcours
Je cours, j'en oublie les autres amours
Je deviens sourd
Je suis un pauvre balourd
À t'attendre

Je crois parfois
Sur ce chemin de croix
Je me plie à la loi
Et une nouvelle fois
J'en perds ma foi
À t'attendre

En attendant qui suis-je, seul
Quand pleurant sous la pluie
Mes yeux gris se confondent avec le ciel

J'ai tout donné
J'ai trop rêvé
J'ai bu ces paroles
J'ai mangé à outrance
L'amour tourne-t-il toujours mal ?
Il n'y a plus qu'à attendre

Quand tu m'as rejoint sur le dernier barreau de l'échelle avec ta robe coccinelle en dentelle
Ce fut providentiel, nous nous sommes promis d'atteindre le ciel, devenir éternel
Puis tu es redescendue sur terre, en enfer parmi les mortels multidirectionnels
J'ai vu partir la bête à bon dieu
Et dans mon vœu pieu de partager à nouveau sa gamelle
Je me suis brûlé les ailes

Je suis là, à t'attendre,
Accroché à l'espoir de ton retour
Il n'y a pas d'unique amour
Il y a celui en cours
Celui qui court le jour
Et qui s'éteint le soir

Et puis il y a toi
Qui rodes dans le noir
Autour de moi
Et qui reviens sans cesse
Dans ton corps de déesse
M'apporter du bonheur

Bien des choses auraient dû changer

L'homme est inquiet comme ses pensées
Combien d'autres ont voulu le malmener
Collée à son cou une actrice délicieuse savoure
Une coupe de champagne, les pupilles assassines
Sa peau est trop blanche,
Ses boucles dorées tombent en avalanche,
Sur sa poitrine généreuse
Et quand elle s'épanche,
Ses lèvres pulpeuses effleurent sa peau
chatouilleuse
De ce dimanche il pourrait lui arriver mille
malheurs
Mais il n'a pas peur, il est né en enfer
Et il n'a jamais été aussi prêt de retourner à la terre
Le ciel gronde, la mer est houleuse
Et cette fille est bien trop mielleuse
Dans ce saloon aux manières rudes et tapageuses

La folie nous a envahis, le temps est compté
Personne ne pourra le dompter, il en rit
Bien des choses auraient pu changer

Cet endroit pue,

Dans les rues de cette ville plus rien ne lui est inconnu

La belle qui se met à nu, la bête qu'on tue

L'instant d'avant il y a cru, le fait d'après il n'était plus très frais

Il en a combien des vues, il en a bu combien des histoires

Ce soir seul dans son immense lit,

Il rêvera les yeux ouverts de cet acte manqué

Par cette fille trop bien roulée pour quelqu'un comme lui

Il aurait dû la laisser faire,

Elle qui avait tout pour plaire

Il aurait dû mais bien au contraire,

Lui qui aurait pu être son père

Il aurait su ne pas s'en défaire

La folie nous a envahis, le temps est compté

Personne ne pourra le dompter, il en rit

Bien des choses auraient pu changer

Son garde du corps n'avait pourtant pas bougé le petit doigt

Son ange gardien, lui, a fait le nécessaire,

Mais a-t-il fait le bon choix ?
Il ne sait pas
Quand il s'est vu lui debout
Et elle étendue sur le flanc dans une mare rouge sang.
Alors il est rentré chez lui,
Quand les autres, de biens petits êtres en pleurs dans cet étrange malheur l'ont dévisagé.
Il a marché longtemps jusqu'à chez lui,
Épuisé, revoyant au ralenti la coupe de champagne tombée Avant que les bulles ne puissent s'évaporer,
Dans le blanc gosier de la belle,
Qui en avait terminé de s'égosiller.

La folie nous a envahis, le temps est compté
Personne ne pourra le dompter, il en rit
Bien des choses auraient pu changer

Il a tiré, avant qu'elle n'ait pu l'assassiner
Cela n'aurait rien changé au monde qui va s'effondrer,
Il aurait pu au moins faire semblant de l'aimer,
Mais à quoi cela aurait rimer.

Il aurait pu au moins lui expliquer, qu'à pile ou face
Il ne faut pas croire que l'on puisse toujours gagner,
Quand ça tombe du bon côté.

Maintenant il est bien trop fatigué,
Trop fatigué d'avoir tué l'amante religieuse
Et après un dernier verre de whisky, il s'est
endormi,
Avec à ses côtés, son flingue son meilleur ami.

La folie nous a envahis, le temps est compté
Personne ne pourra le dompter, il en rit
Bien des choses auraient pu changer

Je ne peux m'échapper de toi

Le train du soir te ramène-t-il jusqu'à moi ?
Sur le quai de la gare Saint Roch, voie trois.
J'attendrai une éternité,
Même après que cette gare fantôme soit délabrée.
Je resterai accroché à mes rêves,
Qui jamais ne peuvent s'échapper,
La nuit pourra tomber, le ciel s'illuminer de milliard d'étoiles, je ne verrai que toi.
Avec ta robe à fleurs, tu te confonds avec le printemps,

Je t'attends, patient
Malade d'amour pour toujours,
Tu viens avec ton brin de blé entre les dents,
Sifflotant Wigwam de Bob Dylan
Je suis accro, ma cocaïne porte ton nom,
Je suis chaud, bouillant
Ton train a encore du retard,
Il ne viendra pas ce soir

En rentrant seul chez nous, pleurant, le ciel s'est assombri,

Le tonnerre a grondé, le vent s'est mis à souffler
Puis la pluie a inondé mon visage,
A effacé ma peine de vieux sage.
Depuis trop longtemps, le dernier train n'a plus sifflé,
N'a plus sifflé sur la colline,
Et dans mon cœur, depuis trop longtemps,
A peine reste-t-il une lueur.
J'allume une bougie,
Regarde un portrait de nous en jeunes amants bien charmants,
Sur la photo, on devine que tu rougis,
Et moi je souris, heureux de te voir prise en flagrant délit,
C'était quand déjà ?
Nous étions si craquants,
Enfin surtout toi.
Moi, ma foi, je n'étais plus tout à fait moi,
J'étais sur un nuage.
Aujourd'hui, il ne me reste que quelques images,
Et des pages et des pages de questions,
Sans aucunes réponses de ta part.
Si tu es partie, tu peux revenir.
Moi je n'ai jamais pu ni su faire sans toi.
Je t'ai gravée dans mon avenir

Je ne peux t'oublier,

Cela ne peut s'expliquer.

Je me détache de tout,

Mais pas de toi.

Je n'ai pas le choix,

J'entends encore ta voix

Me dire : « Je ne pourrai jamais te quitter

Tu es tellement parfait ».

Et je revois ton rire partir dans un grand délire.

Je me le rappelle pour le meilleur et pour me faire souffrir.

Cette joie n'était pas plus éternelle que les neiges.

Alors je me reverse un verre de vin rouge,

Et je trinque à nous, à ton absence pour que rien ne bouge.

À ton piège, à ce sortilège, à mon manège

Je ne peux t'oublier.

Je relis ta dernière lettre écrite ; il y a une éternité.

Nous nous sommes tant aimés, écris-tu sans pitié.

Tu ne le sais certainement pas,

Mais moi je n'ai jamais arrêté de t'aimer,

C'était le dernier jour de l'été.

Depuis l'hiver s'est installé, et lui ne m'a plus quitté.

Tu m'as tout laissé, mais les souvenirs je n'ai pas pu m'en débarrasser.

Pas plus que tes mots, tes photos,

Nos petites vidéos et nos grands idéaux

Dont celui de ne jamais aimer quelqu'un d'autre.

Je n'ai jamais pu m'échapper de toi,

Á cause de cette promesse que jamais je ne renierai.

Mon aimée.

Billy 1

Les hommes de loi cherchent après toi
De sang-froid tu as fait des dégâts
Les chasseurs de tête sont aussi sur tes pas
La dernière fois qu'aurais-tu fait de mal
Si ce n'est de tuer une fille à la tête d'un convoi

Elle avait du courage pour en être arrivée là
Mais il n'a pas fait de sentiment le goujat
Diront-ils de lui sans savoir pourquoi
Quand il a tiré sur elle, elle ne lui a pas donné le choix
C'était lui ou elle, du haut de son cheval, ce fut elle au final
Son seul regret c'est de n'avoir pas eu le temps
De récupérer tout l'argent sale de toutes les malles

C'était presque la seule fois qu'une femme succombait à contre-emploi
Il en avait déjà tué une à moitié dans un désarroi
elle s'était interposée entre son mari et lui, son amant de brigand

Là encore il s'en était tout juste sorti prônant de mauvaise foi la légitime défense
Il aime être libre mais les autres font tout pour l'en empêcher, de manigance en intolérance.

S'amuser avec la femme d'un sale bonhomme
Jouer au casino avec l'argent d'un noble
Assassiner une crapule d'homme politique
Ou tuer un héros de guerre ou un Derek Chauvin
Pourquoi ne pas laisser faire Billy the kid

Avoir les yeux derrière la tête
Passer par les chemins de montagne
Ne compter que sur soi-même, et son révolver
Ne dormir que d'un œil
Jamais deux jours dans le même motel
Murmurer à l'oreille des chevaux
Et ne jamais regarder en arrière
Les balles feront le reste
Les blessures ne seront pas éternelles
Et Billy gagnera tous ses duels

Quand les cloches sonneront
Quand le tonnerre du canon à fusil grondera

Quand les éclairs de tes yeux zébreront le ciel
Quand le déluge arrivera avant la fin des temps
Billy sera le seul survivant.

Billy 7

Passer la nuit avec une douce señorita
Dans un couloir sombre, elle te conduira
Dans une ombre solitaire, elle t'aimera Billy,
Tu es tellement tourmenté qu'elle chantera
Assise sur le rebord de la fenêtre ouverte
Avec en fond un magnifique coucher du soleil
Une belle mélodie de l'immense Woody Guthrie

Ils disent que son sale mari est sur tes pas
Un riche politique qui ne peut pas te voir
Il ne va pas laisser choir avec tout son pouvoir
Mais de vous deux c'est toi qui finiras par l'avoir
Tu l'as promis à la belle señorita qui s'est endormie
Repue dans le lit avant que le tonnerre ne gronde
Avant que ravagée ne rentre la bête immonde
Ils étaient trois,
Deux grands gardes du corps
Et le sale bonhomme

Quand la promise se réveilla et qu'elle s'interposa
Un des hommes de loi tira plusieurs fois
Mais ne toucha que la señorita qui s'écroula

Billy dans la débâcle fit feu sur le pauvre mari
Et s'enfuit par la fenêtre sous une belle nuit étoilée

Pour la petite histoire,
Le mari mourra,
La señorita s'en remettra,
Avec le beau pactole laissé par son funeste mari,
Les deux gardes du corps blessés dans leur amour
propre
Chercheront toute leur vie Billy, sans succès
Et Billy recroisera encore quelquefois,
La belle señorita dans son lit,
Pour lui faire oublier son presque chagrin,
Et pour prendre du bon temps,
Et savourer ses petits moments ...

Billy 4

Ils sont nombreux armés jusqu'aux dents
Ta mise à prix est conséquente pour un non-blanc
Hors-la-loi, arrogant partout où tu passes
Des hommes trépassent que veux-tu que j'y fasse

Ils finiront par t'avoir, mort ou vif
Ne tourne pas le dos, ne frime pas trop, sors les griffes
Ne ferme pas l'œil de la nuit, reste actif
Ils sont sur ta piste les chasseurs de primes et le shérif

De motel en motel seul ou avec de belles dames oiselles
Que tu as volées en rebelle à tes fidèles ennemis
Les belles emportées en amazone sur ta selle
S'extasient devant tant d'imprudence, de folie

Parfois cela tourne au drame, avec l'utilisation des armes
Parfois cela va de soi, tu croises des hommes de loi
Des âmes sans charme, des âmes qui brament

Qui cherchent querelles, qui sont aux abois

Billy the kid n'a rien d'un enfant, ni d'un roi
C'est juste un brigand qui de toi à moi grimpe sur
les toits
Joue avec les gens comme on joue au casino
Avec des numéros et des balles dans le dos en bon
Latino

La dernière fois où tu as failli gagner le gros lot
mon amigo c'est à El Paso,
Une señorita t'a fait une sérénade intérieure sur le
bord de ta fenêtre
Tu n'as pas pu t'empêcher de lui promettre avant de
disparaître
Que tu reviendrais dans son lit avec un lionceau
que t'irais attraper avec ton lasso

Billy tu cours depuis trop longtemps
Rentre chez toi maintenant
Avant que Pat Gareth ton meilleur ami
Ne te cause lui aussi des soucis
Rentre chez toi,
Il est encore temps avant que la nuit ne tombe
Définitivement

2 rue du supplice

Tu es sacrément culotté
De dire que tu étais toujours à mes côtés
Quand j'étais au fond, empêtré, au plus bas
De moi tu ne faisais plus aucun cas

Tu es sacrément culotté
De dire que tu m'as toujours aidé,
Tout ce que tu veux, à ta fenêtre
C'est être avec ceux qui gagnent, petit être

Tu dis que c'est moi qui t'ai laissé tomber
Toi qui ne penses qu'à avoir le torse bombé
Tu ne pleures jamais pour les autres
Tu pleurniches seulement sur ton propre sort

Tu es de mauvaise foi
Et tu te sers des limites de la loi
Pour être le roi de je ne sais quoi
Tu sais tu ne fais pas le poids

Comment peux-tu dire du mal de moi
Dans mon dos, par derrière, renégat

Après tout ce que j'ai fait pour toi
Là je ne comprends pas

Je pourrais te pardonner encore une fois
Comme je l'ai toujours fait
Mais je ne sais pas si la prochaine fois
Quand tu sonneras à ma porte je t'ouvrirai

J'aimerais qu'exceptionnellement, juste pour une seule fois
Tu puisses prendre ma place pour savoir
Et que juste pour une seule fois exceptionnellement
Je puisse être à la tienne pour comprendre

Oh vraiment oui, j'aimerais que juste pour une seule fois
Tu puisses être à ma place
Pour que tu te rendes compte que c'est un supplice de te voir à chaque fois

Recherché

Recherché en Hérault, recherché dans un Paris
Recherché où finit la Terre, à la Réunion
Dans le cirque du bout du monde
Où que vous soyez, il se peut qu'il y soit aussi passé
par là
L'homme recherché

Je pourrais être en Italie, recherché au Portugal,
Recherché en Australie, recherché à Tunis
Recherché en Irlande ou dans toute l'Asie
Si vous regardiez la télé peut-être que vous m'y
verriez en bandit, en anti-héros, en Johnny Cash

Je pourrais être sur le Mont Blanc, à Manganu
À travailler dans une ferme, jouer au cow-boy
inconnu
Si jamais, vous passez par-là, passez votre chemin
sans me dénoncer
Je suis en cavale comme Jeanne de l'astragale

Recherché par John Wesley Harding, recherché par
les Shérifs de nombreux comtés
Recherché par Angelina Jolie, recherché par Émilie
jolie aussi
J'ai fait tout ce que je voulais, sans me faire attraper
ni arracher le cœur
Sans me laisser tirer dans le dos, sans avoir peur de
mes horreurs

Recherché par E.T, recherché par Cthulhu,
Recherché dans l'univers, recherché dans chacun de
tes vers
Je ne me suis jamais égaré avec mon ami révolver
Avec ma Suze, ma Suzie, ma Suzon
Je l'ai fait voyager, découvrir du pays
Elle a beaucoup ri, beaucoup pleuré aussi, pardon
Pourquoi suis-je ainsi, quel diable m'a pris pour
émettre ce son ?

Recherché en enfer, recherché sur la terre
Recherché par ma mère, recherché sur toutes les
mers
Partout il y a quelqu'un qui cherche à m'attraper
Pour la gloire, pour la prime, pour une vengeance
Ou pour faire preuve d'allégeance

Quand celui qui m'aura trouvé et dézingué
On pourra dire de moi que j'étais celui qu'on a
recherché

Pendant une quasi-éternité

Laisse-moi

Laisse-moi la porte ouverte
Laisse-moi arroser tes plantes
Renaître et paître dans ton champ
Laisse-moi mieux te connaître, apparaître

Tout ce que j'ai, t'appartient
Je sais, je n'ai rien
Rien qu'un peu d'amour
À partager, à te donner. Tiens !

Laisse-moi te le dire, te le jouer
Laisse-moi te serrer contre moi,
Laisse-moi te consoler, m'envoler avec toi
Courir sur les toits, pleurer des petits pois

Tout ce que j'ai, t'appartient
Je sais, je n'ai rien
Rien qu'un peu d'amour
À partager, à te donner. Tiens !

Laisse-moi t'offrir quelques belles chansons
Laisse-moi une place dans ton cœur

Laisse-moi t'offrir quelques fleurs
Laisse-moi ton amour
Et prends le mien pour toujours
Quand j'ai froid pour la mauvaise saison
Laisse-moi ton blouson

Laisse-moi le temps
Laisse-moi tant de fois
Laisse-moi ton amour
Et prends le mien pour toujours

N'y pense plus

Je reviens en arrière sans manière
Pour te dire que ça ne sert à rien
De trop me demander pourquoi hier
Tu as fermé mes yeux vénitiens
Mystère et boule de gomme
Tant pis mignonne, en somme
Je ne te veux plus, ni du mal ni du bien

Même si tu n'as pas compris
Rien n'appris.
Que dans ton cœur et dans tes lumières je me suis
épris,
Puis pris dans le tapis, dans tes yeux bleus gris.
Je suis parti te laissant endormie dans notre lit
À tes soucis, tes phobies, tes mauvais amis.
N'y pense plus, tout va bien

Ça ne sert à rien, les feux sont éteints,
Et tant de chemins ont été parcourus.
Depuis que je ne croise plus
Dans chaque coin de rue

Tant de filles te ressemblant
Tant de filles me refroidissant
Vêtues de blanc dans le vent.

Nous ne nous sommes jamais posés ni engagés.
Tes valises étaient fatiguées de trop voyager,
Les miennes trop lourdes
Comme des barils pleins de mauvais vin.
J'aurais tout de même aimé
Que tu puisses changer et comprendre enfin,
Mais le côté obscur t'a attrapée,
Et j'ai décidé de toi de m'échapper.

Tu as crié, pleuré, déchanté au petit jour.
Tu épuisais mon âme, rien n'y pouvait,
Pas même notre plus fort amour.
Aveuglé par le temps qui passe, tu m'as haï,
Quand je me suis envolé vers un autre pays.
N'y pense plus, tout doit bien aller

C'est bel et bien fini, je suis parti faner.
Longtemps je t'en ai voulu.
Avec toi j'ai perdu de longues années,
Jamais je n'aurais dû rencontrer cette inconnue
Que tu es restée parce que tu n'as rien compris.

On ne peut pas dire que tu n'étais pas gentille,
Que tu étais une mauvaise fille,
Mais tu aurais pu faire mieux du temps que tu m'as pris.
Je ne me panse plus, tout va bien

Plus près de la lune et des étoiles filantes

Comme je sortais un soir prendre l'air
Plus près de la lune et des étoiles filantes
J'entendis une attirante damoiselle
À la plus belle voix que je n'eus entendue
Enchaînée elle s'approcha de moi souriante
Je soignai ses pieds meurtris
Et quand je me relevai
Elle m'offrit ses lèvres brûlantes
Son corps se souleva instantanément
Je compris qu'elle me ferait subir maints tourments

Je ne pouvais point accepter
Je m'arrachai violemment de la chaleur de son âme
Elle me mordit en un éclair la lèvre inférieure
Et du sang coula dans mon for intérieur
Elle me supplia que je ne pourrais plus
l'abandonner
Et en pleurs
Que je me devais la sauver d'un triste sort
Sans quoi elle en crèverait
Une fois encore

Elle me saisit le bras d'une force immense
Me souffla qu'elle serait douce et fidèle
Que j'aurais de la chance
Qu'elle resterait belle
Qu'elle garderait tous mes secrets
Que nous partirions où je voudrais même plein
nord
Qu'elle serait ma reine
Qu'elle me donnerait un prince
Que je me noierais dans un pur bonheur
Au milieu de ses chants de fleurs, de l'épicentre de
son cœur

Je succombai aux charmes de cette sirène
Je déposai les armes, faut dire, sans peine
Quand les étoiles et la lune s'éclipsèrent
Que le ciel rouge apparut
Et que l'astre du jour m'éclaira
Je me suis réveillé
En larmes

La roue tourne

Jadis je me souviens
Sans être beau j'étais bien
Je remplissais le seau,
Je faisais le gentil vaurien
J'étais petit,
Un grand curieux, heureux
Sans chercher à asseoir
La beauté à mes côtés

Je n'espérais rien
Rien que de te revoir
Je n'étais pas pressé,
Je savais attendre
Et tendre la joue le soir
M'étendre
Et rêver de ce que j'avais
À savoir rien
Rien qu'un soupçon d'amour

J'ai grandi,
J'ai fait mes valises

Et dans le miroir une petite fille
Qui elle aussi n'est pas restée assise
Sur les ordonnées et les abscisses
Elle est partie
Espérant croiser une autre idylle

Si jadis j'étais un fils
Accroché aux ailes
D'un passé illuminé d'illusions
Comme un enfant touchant d'innocence
Tu étais un ange
Jamais approché
Le soir tu pleurais
Un prince imaginaire
Qui aurait pu être moi
Si mes yeux avaient été ouverts

Et puis j'ai vieilli et à présent
Qui suis-je où vais-je ?

La roue tourne
Tourne dans le mauvais sens
À compte à rebours,
Comme l'amour

Je sais l'absence
Quand tourne la roue

Et puis tu vieillis aussi
Sans rose à tes joues
Sans bleu à tes yeux

Ta roue tourne-t-elle aussi,
Dans le même sens que moi ?
Passes-tu ton tour ?
Que fais-tu avec l'amour ?
Et comme toujours danses-tu ?
Et quand tourne la roue,
M'aimes-tu toujours ?
Dévêtue, ingénue !

Partis en temps et en heure

De ces jours sans fin
Dans l'attente d'une nuit bleutée
Etoilée d'éternité
Tu apparais enfin
Telle que je t'ai toujours désirée

Nous sommes partis en temps et en heure
Avant que le vent ne tourne
Avant que tu ne te retournes
Vers un autre destin, sur un autre chemin
Dans les embruns
Nos deux cœurs ne faisant plus qu'un
Avec le même dénominateur commun

Chaque nuit de plus, chaque baiser de plus
Encore beaucoup d'autres fois, sans jamais avoir
froid
Nos corps emmêlés jusqu'à ne plus avoir faim
Nos forces entraînées jusqu'à l'épuisement
D'un éternel recommencement
Notre âme enchaînée à un monde de trop de peine,
De trop de haine

Heureusement

Tu es venue, je t'ai vue, nous nous sommes tus
Et nous ne nous sommes pas toujours bien tenus
Qui l'aurait cru
Qu'une passante jupe fendue dans la rue
Et un impatient trop éperdu du haut d'une grue
Puissent se retrouver seuls, nus

Comme toi, je fus nu comme des vers
Des vers mais pas solitaires
Un solstice d'hiver
Quand tu es apparue en noir et blanc
Le cœur battant
Tu es devenue mon beau penchant
À temps
Juste
À temps
Pour partir avec moi
En temps et en heure

Mes poèmes ont trouvé leurs inspirations dans les poèmes de Bob Dylan suivants :

« Le chanteur, le vagabond et la petite fille » est un poème dans la lignée de « Un homme dans la rue » et de « Chris Jack Isermann » sur le recueil de « Voyage en Dylanie I ». Il est inspiré de « Only a hobo » (1963) sur l'album : "Bootleg Séries vol 1 à 3 1961-1991.

« Les sentiers de la gloire » traite de nos nombreux doutes. Le texte est inspiré de « Paths of victory sur l'album « Bootleg Series vol 1 à 3 - 1961-1991 ».

« Si tu dois partir » est un texte qui parle d'une rupture de manière un peu brutale sans détour au travers d'un monologue. Ce texte est inspiré de « If You Gotta Go, Go Now » sur l'album « Bootleg Series vol 1 à 3 - 1961-1991 ».

« Passe-lui le bonjour » traite de la séparation comme d'un déchirement dont on ne se remet jamais. Le texte est inspiré de « If You see her, say hello » sur l'album « Bootleg Series vol 1 à 3 (1961-1991) ».

« Ton habit déteint » est une déclaration d'amour éternel mais d'un amour fragile soumis aux aléas du temps et d'interférences. Le texte s'est inspiré de « Leopard Pill-Box Hat » sur l'album « Bootleg série 4 the royal Albert hall Concert Live 1966 » sorti en 1998.

« La ballade d'un homme mince » est la petite histoire banale et sempiternelle d'un homme qui se fait écraser par plus fort. Le texte s'inspire de « Ballad of a thin man » sur l'album « Bootleg série 4 the royal Albert Hall Concert Live 1966 ».

« Je vais être libéré » ne laisse que peu d'espoir d'être libéré dans le monde dans lequel on vit. Il faut peut-être accepter de n'être pas grand-chose. Le texte s'est inspiré de « I shall be released » sur l'album « The Bootleg série Volume 5 : The Rollin Thunder Revue sort en 2002 ».

« L'eau est profonde » Cette chanson est une exception dans mes textes. Elle a été chantée par Joan Baez et Bob Dylan lors de la tournée Rolling Thunder Revue. Ce n'est pas une chanson de Bob Dylan mais une chanson traditionnelle très connue et souvent reprise et chantée par de nombreux artistes. Celle-ci est pour une fois presque une traduction intégrale du texte. Elle trouve son inspiration dans « The water is wide » le Live de 1975 « The Bootleg série Volume 5 : The Rollin Thunder Revue sorti en 2002 ».

« Ce n'est pas moi qu'il te faut chérie » est un peu de la même veine que « Si tu dois partir », un homme demande à une femme de le quitter car même s'il l'aimera toujours, il n'est pas celui qu'il lui faut. Ce texte est inspiré de « It ain't me, Babe » (1964) de l'album Live de 1975 « The Bootleg série Volume 5 : The Rollin Thunder Revue ».

« Je pense à toi » c'est encore le thème de l'amour qui reste éternel même après une rupture sentimentale. Ce texte est inspiré de « Mama You Been On My Mind » avec Hall Joan Baez de l'album « Bootleg Séries vol 6 Concert au Philharmonic Hall (1964) sorti en 2004 ».

« Qui a tué Monsieur L ? » est une suite à « La ballade de l'homme mince ».
Ce n'est jamais la faute de personne si une personne tombe. Sommes-nous tous indifférents, inconscients, ou victimes ? Ce texte est inspiré

de « Who killed Davey Moore ? » sur l'album « Bootleg Series vol 6 Concert au Philharmonic Hall (1964) ».

« J'ai des solutions » veut juste montrer qu'il y a toujours des solutions aux problèmes qui se présentent. Il n'y aurait donc pas lieu de s'inquiéter. Ce texte est inspiré de « When I got troubles » sur l'album « No Direction Home Bootleg Vol 7 ».

« La dignité » qu'est-ce que c'est vraiment ? À quoi s'expose-t 'on si on ne l'a pas ? Ce texte est inspiré de « Dignity » sur l'album « Bootleg Series vol 8 Tell Tales Signs - Rare and Unreleased 1989-2006 ».

« La fille de mes 12 ans » est un texte sur le premier amour, celui que l'on n'oublie jamais, qui est ancré en nous pour toujours. Le texte est inspiré de « Red River Shore » sur l'album : "Bootleg Series vol 8 Tell Tales Signs - Rare and Unreleased 1989-2006 ».

« Très longtemps et très loin de là » aborde de façon sarcastique le thème de la justice, de l'argent, de la religion, de notre société actuelle, de la bonté et de l'amour. Ce texte est inspiré de « Long ago, far away » en 1963 sur l'album : "Bootleg Séries vol 9 : The witmark Demos : 1962-1964 ».

« Je n'ai pas de titre » est inspiré de « I'd sure hate to be you on that dreadful day » sur l'album « Bootleg Séries vol 9 ». Qui suis-je ? Qui est l'autre ? Sommes-nous si différents les uns des autres ? Si nous échangions les rôles, que cela changerait-il ?

« Adieu » est du même acabit que « Je pense à toi », ou « Ce n'est pas moi qu'il te faut » ou encore « Si tu dois partir » avec une séparation encore très douloureuse mais inéluctable. Ce texte est inspiré de « Farewell » (1963) sur l'album « Bootleg Series vol 9 : The witmark Demos : 1962-1964 ».

« Ballade pour un ami » aborde le thème de l'amitié et de la mort. Le texte est inspiré de « Ballad for a friend » sur l'album « Bootleg Series vol 9 : The witmark Demos : 1962-1964 ».

« Hmm ». Quelle est la place de l'homme dans l'humanité ? Ces quelques mots sont inspirés de « All the tired horses in the sun » sur l'album « Bootleg Séries vol 10 Another Self Portrait ».

Avec « À plus tard » nous sommes dans la peau de Bob Dylan en abordant avec humour les thèmes de la célébrité, de l'argent, de l'amitié ainsi que celui de la mort. Ce texte est inspiré de « See you later Allen Ginsberg » de l'album « Bootleg Series vol 11.

« Un jour de pluie » traite d'une fuite, d'une rupture avec sa famille et d'un possible retour au bercail. Ce texte s'inspire de « I was young when I left home » de l'album « No Direction Home Bootleg Vol 7 ».

« Un monde s'éteint » traite les sujets de l'amour d'un enfant pour sa mère, d'un monde qui s'achève et de l'espoir d'un monde nouveau meilleur. Ce texte est inspiré de « Down In The Flood » sur l'album « Bob Dylan's greatest hits vol II » et l'album « Basement Tapes » de 1974.

« Je te vois venir » est une histoire de truand écrite avec un patchwork des titres de Francis Cabrel. Le texte est inspiré de « Tweeter And The Monkey Man » sur l'album « Tracelling Wilbury's » de 1988.

« À t'attendre ». Thème de prédilection de Bob Dylan, l'amour insaisissable, l'amour intenable, l'amour chérissable, l'amour inatteignable et l'amour insatiable. Le texte est inspiré de « Waitin' for you ».

« Bien des choses auraient dû changer ». Nous sommes comme dans un western, la scène se passe dans un saloon où l'on y côtoie beauté cruauté et solitude du gangster. Ce texte est inspiré de « Things have changed The bootleg vol 8 Tell tale signs ».

« Je ne peux m'échapper de toi » est un de mes thèmes préférés, celui de l'amour qui rend fou, qui jamais ne s'oublie. Le texte est inspiré de « Can't Escape From You » de l'album « Bootleg séries 8 : Tell tale signs » (2008).

« Billy 1 » est une l'attaque à main armée d'un homme hors-la-loi contre une diligence dirigée par une femme. Le texte est inspiré de « Billy 1 de l'album Pat Garrett & Billy the Kid 1961-2012 ».

« Billy 7 » : Nous sommes dans une chambre au-dessus d'un saloon, et le dénommé Billy, un hors-la-loi, couche avec une belle señorita, la femme du richissime homme d'affaire de la ville, quand le mari accompagné de ses deux gardes du corps entre dans la chambre. Ce texte s'inspire de « Billy 7 » sur l'album « Pat Garrett & Billy the Kid 1961-2012 ».

« Billy 4 » Faut-il écouter les conseils d'un ami, ou continuer de jouer avec le feu ? Peu-importe Billy va mourir. Le texte est inspiré de « Billy 4 ». Sur l'album « Pat Garrett & Billy the Kid 1961-2012 ».

« 2 rue du supplice » est inspiré de « Positively 4th street ». Et si son plus mauvais ennemi était son meilleur ami, son alter égo ? sur l'album « Biograph 1965 ».

« Recherché » est inspiré de « Wanted man ». Nous finissons toujours par être démasqué, rien ne sert de se cacher, de tricher, de tromper, le mal que l'on fait, finit toujours par se retourner contre nous. Ecrit avec Johnny Cash en 1969.

« Laisse-moi » est une histoire d'amour à sens unique qui implore l'autre à l'aimer. Ce texte est inspiré de : I'd Have You Anytime. Robert Dylan / George Harrison 1968

« N'y pense plus ». Un vieil amour perdu, le temps qui passe, quelques reproches qui refont surface, de l'amertume d'avoir échoué et de s'être échoué, d'avoir brisé deux mêmes cœurs. « N'y pense plus » est inspiré de « Don't think twice, it'a all right » sur l'album « The Freewheelin' Bob dylan 1963 ».

« Plus près de la lune et des étoiles filantes » est l'histoire d'un amour illusoire, impossible, d'un rêve qui s'achève. Le texte est inspiré de « As i went out one morning » sur l'album « John Wesley Harding » en 1967.

« La roue tourne » est une reformulation de « La fille de mes 12 ans », un amour de jeunesse, les choses que l'on n'a jamais faites et que l'on ne fera jamais, sans regret. Ce texte est inspiré de « This Wheel's On Fire » sur l'album « The Basement Tapes » en 1975 du groupe The Band sur des paroles de Bob Dylan.

« Partis en temps et en heure » parachève ce volume sur l'histoire d'un bel amour inébranlable. C'est inspiré de « Born in time » sur l'album « Under the red sky » en 1990.

Table des matières des poésies

Bob Dylan a vraiment plusieurs cordes à son arc. Celui qui est apparu au début des années 1960 sur la scène New-Yorkaise a vendu plus de 125 millions d'albums dans le monde entier. Il poursuit jusqu'en 2024 à plus de 80 ans ses tournées de concerts avec son 39ème album « Rough and Rowdy Ways » acclamé par la critique. Il compose et interprète de magnifiques textes comme personne n'a pu le faire avant lui et comme personne ne le fera après lui. Il est d'ailleurs devenu en 2016 le premier chanteur à obtenir le prix Nobel de littérature « *pour avoir créé dans le cadre de la grande tradition de la musique américaine de nouveaux modes d'expression poétique* ». Il est aussi un peintre unique en son genre avec un style au faux air naïf et aux couleurs étincelantes. Il s'est aussi essayé à la sculpture avec comme exemple ce wagon de train qu'il a fait avec des pièces en fer de récupération exposé en Provence. Bob Dylan réalise aussi un film « Renaldo and Clara » en 1978 mêlant des moments de sa tournée « Rolling Thunder Revue » et des séquences documentaires. Il a aussi écrit un essai autobiographique « Chroniques volume 1 » paru en 2004 et fin 2022 paraîtra « The philosophy of modern song » pour un hommage mondial à la chanson.

Un musée «Bob Dylan Center» à Tulsa dans l'Oklahoma a ouvert en mai 2022 et se consacre à la vie et aux œuvres de Bob Dylan.

Mon aventure continue avec Bob Dylan et mes élucubrations. J'espère que vous vous êtes autant amusés en lisant mes textes que moi en les écrivant.

Mon prochain volume sera un hommage à la Femme tout en poésie. Il reprendra certains textes des 3 volumes de Voyage en Dylanie avec quelques inédits et racontera l'histoire d'une idylle qui pourrait ne pas mal finir.

Et pour conclure par une citation de Bob Dylan qui pousse à réaliser ses rêves si l'on ne veut pas avoir de regrets :

«Les gens font rarement ce en quoi ils croient. Ils font ce qui est convenable, puis ils regrettent ».

Merci à tous ceux qui aident les autres à se réaliser dans la plus belle et la plus grande des sobriétés en cherchant toujours de parvenir à ne rien posséder qui nous possède.

Merci aux amours éternelles, celles de nos enfants, celles de cette merveilleuse nature qui nous entoure et qui nous a donné la vie, et celles de nos ancêtres qui nous ont laissé leur bel héritage.

Bon voyage à toutes et à tous en Dylanie ou ailleurs.